PATER KARL WALLNER

Happy Birthday,
LIEBER JESUS

WIE WIR WEIHNACHTEN
RICHTIG FEIERN

Be&Be

PATER KARL WALLNER

Happy Birthday, lieber Jesus

Wie wir Weihnachten richtig feiern

Be&Be-Verlag: Heiligenkreuz 2014
ISBN 978-3-902694-74-4

Foto Cover: Pater Karl Wallner
Lektorat: Dr. Hinrich B. Bues
Gestaltung: Augsten Grafik, www.augsten.at
Druck: Prime Rate Kft. – gedruckt auf Munken Print 1.5, 90g
Printed in EU 2014. Alle Rechte vorbehalten.

Be&Be
© Be&Be-Verlag
Heiligenkreuz im Wienerwald,
www.bebeverlag.at

Direkter Vertrieb:
Klosterladen Stift Heiligenkreuz,
A-2532 Heiligenkreuz im Wienerwald,
Tel. +43 2258 8703 400
E-Mail: bestellung@bebeverlag.at

PATER KARL WALLNER

Happy Birthday,
LIEBER JESUS

WIE WIR WEIHNACHTEN
RICHTIG FEIERN

Be&Be

www.bebeverlag.at

INHALT

5

1.

DER UNHEIMLICHE ZEIT-SOG
NAMENS ADVENT

*P*lötzlich steht er vor der Tür, der Advent! Dann ist er schon wieder vorbei. Denn sobald unser Herr Abt am Samstag vor der Vesper des ersten Adventsonntags den Adventkranz segnet, ein junger Novize unter den skeptisch-glänzenden Blicken der übrigen Mönche die erste Kerze entzündet, dann beginnt so etwas wie ein *Zeit-Sog*! Er wirbelt uns auf Weihnachten zu und darüber hinaus. Irgendwie gibt es die Tage zwischen dem ersten Adventsonntag und dem Heiligen Abend gar nicht. Es geht alles viel zu schnell.

Irgendwie tut's mir leid, dass alles so schnell geht; andrerseits bin ich ganz froh, denn theologisch gesehen ist der Advent ja eher eine große Spielerei. Wir Mönche bekommen das sehr intensiv mit, denn wir tun eigentlich nur so, als würden wir auf den Erlöser warten. Dabei ist er ja schon da! Wir feiern den Erlöser täglich in der Eucharistie und bejubeln ihn stundenlang mit unserem Gregorianischen Choral.

Vielleicht brauchen wir es aber auch, einfach mal das elektrische Licht abzuschalten, nur bei Kerzenlicht zum Chorgebet zu stolpern, in den *Rorate-Messen* so zu tun, als wären wir noch in Finsternis und Todesschatten – wo doch das Licht Christi schon in unseren Herzen brennt. Ja, ich brauche das auch, denn es ist alles so schön romantisch! Gerade Theologengemüt muss zu Kindergemüt werden. Hat Jesus nicht gesagt, wenn ihr nicht werdet wie die Kinder?

Die Liturgie des Advents ist wirklich mehr etwas fürs Herz wie fürs Hirn. Das gilt ja allemal auch von Weihnachten: Was feiern wir da eigentlich? Die Menschwerdung? Aber die geschieht ja schon neun Monate vorher, als Maria ihren ersten und einzigen Sohn Jesus durch das Wirken des Heiligen Geistes empfängt! Das Erscheinen des Gottessohnes in Menschengestalt? Aber das ist doch in der Liturgie vom 6. Januar, dem Fest der Erscheinung Jesu, gemeint!

Advent ist die wunderbare Zeit der Sehnsucht. In spielerischer Weise versetzt uns die kirchliche

Liturgie zurück in die Zeit, als Christus noch nicht das Licht der Welt war. Sie versetzt uns in das *Davor* der Erlösung. Daher herrscht im Advent auch diese prickelnde Spannung, dieses schaurig-schöne Gefühl, dass etwas Wunderbares kommt. Gibt es etwas Schöneres als die Vorfreude?

2.

EINE WUNDERBARE ZEIT
DER SEHNSUCHT

*W*arum laufen die Menschen durch die Straßen, boomt das Geschäft, gibt es Verkehrsstaus vor den Einkaufszentren, Gedränge auf den Einkaufsstraßen und Geschiebe auf den Adventmärkten? Wenn es eine Grundbestimmung des Menschen gibt, eine Eigenschaft, die uns zuallererst zum Menschen macht, dann ist es diese: wir Menschen sind Wesen sind, die sich stets nach einer Erfüllung sehnen. Wir leben stets auf eine erfülltere, größere, schönere Zukunft zu. Wir wollen immer Größeres, immer Schöneres, immer Beglückenderes. Kurz gesagt: immer mehr ...

Die konsumhungrigen Einkäufer der Adventszeit bezeugen uns also eine Grunddynamik unseres menschlichen Seins, die religiös ist und religiös bedacht werden muss. Nur weil wir immer unerfüllt sind, streben wir nach der Fülle; nur weil uns immer *etwas abgeht*, will der Mensch das Mehr. Wir Menschen sind richtige Defizitwesen, wir laufen mit dem Manko der Endlichkeit durch das Leben und können diesen Mangel eigentlich nie loswerden.

Große Theologen wie Thomas von Aquin oder Henri de Lubac, haben den Menschen daher als *Sehnsuchtswesen* definiert. Dieser Sehnsuchtsdrang zeigt sich ganz banal darin, dass gerade in den Adventtagen so viele Menschen konsumhungrig durch die Straßen und Einkaufszentren hetzen. Das ist gleichsam die primitive Seite der Sehnsucht; die andere, beglückende Seite der menschlichen Sehnsucht zeigt sich dagegen im Streben zu Gott. Der Mensch ist unheilbar religiös, muss seinem letzten Ziel, das in Gott selbst liegt, zustreben. Solange wir Gott nicht gefunden haben, wird uns immer etwas fehlen.

Der Mensch steht hier an einem Scheideweg. Einerseits gerät im Advent der lebendige Gott bei diesem atemraubenden, adventlichen Konsumstress sehr schnell in Vergessenheit. Am Ende feiern wir dann ein Weihnachtsfest, das so merkwürdig leer und ohne Freude ist. Andererseits kann der Advent auch zu einem Anstoß werden, Gott neu zu suchen, nach Herzensglück und Frieden zu fragen.

Wir brauchen daher vor allen Dingen Zeit und Stille im Advent. Es mag zunächst unangenehm sein, wenn ich mich selbst als Defizitwesen vor Gott erkenne; aber genau das bringt mich weiter! Das alles bedenkt die Kirche im Advent und drückt es in der Farbe *Violett* aus. Sie ist weder rot wie die Liebe, noch schwarz wie die Trauer, noch weiß wie die Freude, noch grün wie die Hoffnung.

Violett weist sowohl auf die Sehnsucht hin, auf die Haltung der Buße, das Anerkennen des eigenen Defizits hin. Daher kein Advent ohne die Heilige Beichte! Hier halte ich Gott meine Defizite hin, lasse das innere Vakuum meiner Sünden mit dem Übermaß der Gnade füllen!

Ich spreche hier ganz ausdrücklich nicht von *religiöser* Sehnsucht, von der viele Menschen im Advent wie von einem Virus befallen werden. Sie wissen zwar, dass Konsum nur oberflächlich befriedigt, schauen sich auch nach anderen Werten um, um die Lebenssehnsucht zu stillen. Aber wenn mit allen möglichen Mitteln soll das letzte Geheimnis ergriffen werden soll; jeder noch so abstruse Aberglaube recht ist, dann entsteht manchmal so etwas wie eine gierige Haltung der Verzweiflung – und alles, um die Sehnsucht nach dem Göttlichen zu stillen.

Wir als Christen nehmen im Advent eine gänzlich andere Sehnsuchtshaltung ein. Nicht die verzweifelte Sehnsucht, die gierig ausspähen muss, wo denn ein Letztes, ein Endgültiges oder irgendein Gott aufzutreiben wäre, motiviert uns. Unser adventliches Streben ist getragen von einer bereits zutiefst erfüllten Hoffnung, die da in uns aufsteigt: Der *Immanuel* (= Gott bei uns) ist ja schon da!

Diese ersehnte Erfüllung unseres Lebens ist keine Utopie, keine Projektion, sondern schon geschichtsmächtige Realität! Die Kirche nimmt auf diese Weise Teil an einer urmenschlichen Sehnsuchtshaltung, an der *Freude und Hoffnung, Angst und Trauer* der Menschheit zu partizipieren, wie es schon die Anfangsworte der Konstitution des Zweiten Vatikanischen Konzils (1962–1965), *Gaudium et Spes,* anregen.

Die Kirche verheimlicht in dem *liturgischen Spiel* des Advents weder das Dunkle noch das Helle des menschlichen Lebens. Die Dunkelheit des Advents wird vom freudigen Flackern der Adventkranzkerzen durchbrochen: Das Licht leuchtet bereits in die Finsternis hinein. Betrachte also im Advent bewusst das Licht des Adventkranzes! Du sitzt nicht mehr im Finstern! Christus leuchtet bereits in Deinem Leben!

3.

GEHEIMNISVOLL!
DIE UNBEFLECKTE
GOTTESMUTTER MARIA

*M*itten im Advent, am 8. Dezember, feiern wir ein besonderes Fest, das geheimnisvoll ist, und von vielen missverstanden wird. Die offizielle und falsche Kurzbezeichnung, die sich in allen Kalendern findet, lautet: *Mariä Empfängnis*. Wir feiern aber nicht die Jungfräulichkeit Mariens, wie diese Kurzbezeichnung nahe legen könnt, sondern das Wunder, dass Maria vom ersten Augenblick ihres irdischen Daseins, vom Augenblick ihrer Empfängnis im Leib ihrer Mutter, ohne den Makel der Erbsünde war.

Neun Monate vor der Geburt Mariens, an jedem 8. September, feiert daher die Kirche den Augenblick, als sie im Leib ihrer Mutter Anna empfangen wurde. Von diesem ersten Augenblick an, glaubt die Kirche, ist Maria vor der *Befleckung* durch die

Ursünde bewahrt worden. Daher wird Maria als ganz rein, ganz schön, ganz unbefleckt verehrt oder auch die *Unbefleckte*, die *Immaculata* genannt. Was bedeutet das? In der Gottesmutter Maria strahlt uns bereits der vollkommen erfüllte, der nicht-defizitäre Mensch entgegen. In Maria hat Gott der Fülle seines Gnadenwirkens einen konkreten Platz in der Geschichte gegeben. Dieser Ort ist in einem einzigen Menschen zu finden und der Name dieses Menschen lautet: Maria!

Sei gegrüßt, Du Voll-der-Gnade, der Herr ist mit dir, begrüßt sie daher der Engel Gabriel nach dem Bericht des Evangelisten Lukas, der das Anwesend-Werden der Nähe Gottes in der berühmten Verkündigungsszene so schildert (Lukasevangelium 1,26–38):

Im sechsten Monat wurde der Engel Gabriel
von Gott in eine Stadt in Galiläa namens
Nazareth zu einer Jungfrau gesandt. Sie war
mit einem Mann namens Josef verlobt, der
aus dem Haus David stammte. Der Name
der Jungfrau war Maria. Der Engel trat bei
ihr ein und sagte:

Sei gegrüßt, du Begnadete, der Herr ist mit dir.

Sie erschrak über die Anrede und überlegte, was dieser Gruß zu bedeuten habe. Da sagte der Engel zu ihr:

Fürchte dich nicht, Maria; denn du hast bei Gott Gnade gefunden. Du wirst ein Kind empfangen, einen Sohn wirst du gebären: dem sollst du den Namen Jesus geben. Er wird groß sein und Sohn des Höchsten genannt werden. Gott, der Herr, wird ihm den Thron seines Vaters David geben. Er wird über das Haus Jakob in Ewigkeit herrschen und seine Herrschaft wird kein Ende haben.

Maria sagte zu dem Engel:

Wie soll das geschehen, da ich keinen Mann erkenne?

Der Engel antwortete ihr:

Der Heilige Geist wird über dich kommen, und die Kraft des Höchsten wird dich überschatten. Deshalb wird auch das Kind heilig und Sohn Gottes genannt werden. Auch Elisabeth, deine

Verwandte, hat noch in ihrem Alter einen Sohn empfangen; obwohl sie als unfruchtbar galt, ist sie jetzt schon im sechsten Monat. Denn für Gott ist nichts unmöglich.

Da sagte Maria:

Ich bin die Magd des Herrn; mir geschehe, wie du es gesagt hast.

Danach verließ sie der Engel.

In Maria wird die geschilderte Sehnsucht des defizitären Menschen, unsere geheimnisvolle Sehnsucht nach Gott erfüllt. Hier streckt sich ein Mensch sehnsüchtig nach Gott aus, aber gerade nicht in der Haltung der unerfüllten Gier, sondern in der Haltung der vollkommenen Verfügbarkeit: *Ich bin die Magd des Herrn, mir geschehe nach deinem Wort,* antwortet Maria auf die eigentlich unglaubliche Botschaft des Engels, der ihr die Geburt des Sohnes Gottes ankündigt.

Wir sollten uns freimachen von dem Vorurteil, dass die Dogmen der Kirche vermeintlich weltfremde, lebensferne Klugheiten enthalten, die den Menschen draußen auf der Straße vor den verlockenden Schaufenstern angeblich nichts angehen.

Nein! In Maria, im Geheimnis ihrer makellosen Erfülltheit von der Gnade Gottes, kann jeder von uns, wirklich jeder, bereits seine Heimat finden! In der Überfülle Mariens kann auch unsere Sehnsucht gestillt werden. In der unbefleckt empfangenen Gottesmutter ist die Heimat deines Lebensglückes vorgebildet. In Maria schaust Du Deine Heimat in Gott! Daher hat die selige Mutter Teresa fast jede Ansprache mit dem folgenden Gebet begonnen:

Bitten wir Unsere Liebe Frau, dass sie uns ihr Herz schenkt, so rein, so schön, so unbefleckt, dass wir Jesus erkennen und lieben dürfen wie sie!

Wenn du nun darum weißt, dann hetze bitte nicht mehr ausgelaugt und verzweifelt durch das Leben, sondern werde ruhig gegenüber dir selbst, gegenüber den Plänen Gottes, ruhig gegenüber Seiner beglückenden Gegenwart, die du bei jedem Gebet und in jeder Heiligen Messe erfahren darfst.

4.

DER FEIERTAGSTEUFEL
VON WEIHNACHTEN

*D*en *Feiertagsteufel* gibt es wirklich. Das Phänomen ist überall bekannt, auch im Kloster: man freut sich auf ein Fest und bereitet eine Feier hingebungsvoll vor, – und dann „funktioniert" es einfach nicht. Statt Harmonie und gelöster Freude gereizter Streit, bissiger Zank und frustriertes Beleidigtsein. Zu Weihnachten tobt der Feiertagsteufel oft besonders dämonisch. Warum?

Bitte entschuldigen Sie, aber ich habe das Gefühl, dass man den Heiligen Abend heutzutage ein bisschen überfordert: wochenlang ist man gelaufen, hat Geschenke zusammengesammelt und auf diese eine Feier hin Besorgungslisten abgearbeitet. Armer Heiliger Abend! Zu viel Romantik, zu viel Familienidylle, zu viel Zufriedensheitsgefühle werden von diesen wenigen Stunden erwartet. Und dann ist es eben oft nicht so toll, was man erwartet, ja übererwartet hat.

Wir Mönche neigen da eher zur Nüchternheit. Ja, auch wir haben eine Weihnachtsfeier am Heiligen Abend, aber das ist kein Exzess an Erbaulichkeit, sondern sie hat etwas Männlich-Mönchisches an sich: Wir singen natürlich „Stille Nacht" bei Kerzenschein, dann kommt eine Ansprache des Abtes, meist knüpft er ein paar Gedanken an eine sinnreiche Geschichte an; die vielen jungen Mönche sitzen zwischen den alten, die öfters schon ein wenig schwerhörig sind, deshalb den Abt nicht verstehen und mit umso glänzenderem und verklärten Gesichtsausdruck sich das Ihre denken.

Nach der Ansprache schenkt der Abt jedem von uns ein Buch, das aber keine Überraschung ist, weil wir es uns vorher selber aussuchen und bestellen mussten. Dann geht das elektrische Licht an, wir essen die Süßigkeiten, die uns aber eigentlich nicht wirklich schmecken, weil die Weihnachtsbäckerei bekanntlich nur vor Weihnachten schmeckt, dann, wenn das ganze Kloster davon duftet. Doch da hatten unsere Köchinnen alles gut versteckt und weggesperrt ...

Aber am Heiligen Abend ist das Naschen eher eine Pflichtübung als ein Vergnügen. Noch ein bisschen Tee, eine nette Feier, aber für uns Mönche wirklich nicht der Höhepunkt von Weihnachten. Denn bald eilen die Priester von uns schon zu den Autos, um in den umliegenden Gemeinden die Christmetten zu feiern. Dann wenden wir uns der Hauptperson von Weihnachten zu: Jesus, zu dessen Geburtstagsfeier wir eingeladen sind.

5.

HAPPY BIRTHDAY TO YOU, LIEBER JESUS!

*A*m meisten berührt von dieser kribbeligen Weihnachtsstimmung werde ich jedes Jahr in der Liturgie, im Gottesdienst am Heiligen Abend! Wenn vor der mitternächtlichen Christmette in die noch finstere Abteikirche hinein verkündet wird: *„Heute, vor über 2000 Jahren, wurde Christus geboren!"*

Ehrlich gesagt, verstehe ich nicht, wie Menschen wochenlang dieses Trara vor Weihnachten mitmachen können, um dann zu Weihnachten das Eigentliche nicht zu begehen: nämlich die Geburt Christi zu feiern. Zu Weihnachten nicht in die Kirche zu gehen, das ist doch, wie wenn ich den Koffer für eine große Reise packe, aber dann nicht ins Flugzeug steige; wie wenn ich ein teures Essen koche, aber dann die Speisen ungegessen verrotten lasse.

Ich plädiere dafür, dass wir Weihnachten ordentlich feiern, das heißt: mit Substanz! Es handelt sich ja schließlich um nichts Geringeres als das Geburtsfest Jesu Christi, des Sohnes Gottes. Ich wünsche ihnen gerne eine schöne Familienfeier, eine erhebende Feierstimmung, aber bitte: Das ist nur das Drumherum, im Zentrum steht ein kleines Kind, von dem wir glauben, dass er Gott in Menschengestalt ist.

Mir steigt jedes Jahr eine eigentlich unmönchische, romantische Gänsehaut auf, wenn wir im Kloster die Christmette feiern. Vor dem Altar in unserer hohen romanisch-gotischen Abteikirche, mit ihren mächtigen himmelaufragenden Säulen ist eine richtige Krippe aufgebaut, sie ist mit Kerzen und Weihnachtssternen umgeben. Nichts außer struppigem Stroh ist in der Krippe zu sehen. Sie ist leer.

Der Gottesdienst beginnt in der kalten abgedunkelten Kirche, wir hören die Lesungen, die den Messias ankündigen und dann das Weihnachtsevangelium. Kaum ist die Geburt Christi verkündet, traben unsere jungen Novizen, also die Mönche, die noch ganz frisch im Kloster sind, vor den Altar. In Ihren Händen tragen sie etwas Zartes, etwas Zerbrechliches, das doch der Mittelpunkt unseres Lebens ist: *ein kleines lebensgroßes Jesuskind aus Holz.*

Die Novizen legen das Jesuskind behutsam in die winzige Krippe, dann braust die Orgel auf, das Licht flammt auf und erhellt die uralte Abteikirche, die Glocken läuten und wir singen das Lied *„Zu Bethlehem geboren ist uns ein Kindelein, das hab ich auserkoren, sein eigen will ich sein ...".* Ja, da habe ich eine Gänsehaut!

Eigentlich unfassbar, unglaublich: Gott kommt als Kind in unsere Welt! Die Krippenlegung ist zutiefst biblisch, das Weihnachtsevangelium des heiligen Lukas erzählt, dass Maria das Kind gebar, es in Windeln wickelte und in eine Krippe legte, weil in der Herberge ja kein Platz mehr für sie gewesen war.

Mir ist als Pfarrer einmal etwas Eindrucksvolles passiert, damals in meiner Landpfarre in der Nähe von Heiligenkreuz. Mir war es immer ein großes Anliegen, am Nachmittag des Heiligen Abend eine Krippenlegungsandacht für die Kinder zu halten. Die Kids kamen auch in hellen Scharen, vor allem die kleineren, die noch zu jung waren, um in die Mitternachtsmesse gehen zu dürfen. Mit den Kindern kamen auch viele Erwachsene, vor allem die Väter, da die Mütter zu Hause, *dem Christkind helfen mussten*, wie man bei uns in Österreich sagt. Um die Feier möglichst eindrucksvoll zu gestalten, hatte auch ich für meine Pfarre ein holzgeschnitztes Jesusbaby in Lebensgröße gekauft, das so lieb lächelte, dass man fast automatisch zurücklächeln musste. Offensichtlich hat der liebe Gott das schon von Natur aus so eingerichtet, dass wir Erwachsenen vom Lächeln der Kinder verzaubert werden. Kein Mensch kann so böse sein, dass ihm nicht das Herz aufginge, wenn er von einem Baby angelächelt wird.

Zum Höhepunkt bei der Kinderfeier am Heiligen Abend kam es jedes Mal bei der Krippenlegung des Jesuskindes. Ich holte die Kinder vor, sie standen rund um die Krippe, um dem Jesuskind zum Geburtstag zu gratulieren. Dicht drängten sie sich mit glänzenden Augen um die Krippe, die großen, die kleinen und dahinter die Eltern.

Ich intonierte: *Happy birthday to you, happy birthday to you, happy birthday liebes Christkind, happy birthday to you!* Und alle sangen, teils mit Tränen in den Augen, aus vollem Herzen mit.

Wir taten also einfach das, was man bei uns in Österreich zu einer Geburtstagsfeier halt so singt. Ein richtiger Engelsgesang war da zu hören. Mit derselben Begeisterung machten die Kinder mit, als ich sie einlud, dem Jesuskind doch noch einen Glückwunsch ins Ohr zu flüstern. Mit standen da manchmal Tränen in den Augen, wie die Kinder das ganz ernst nahmen und sich über die Krippe beugten, um verschwörerisch dem Jesuskind ihre Wünsche und Bitten ins Ohr zu flüstern.

Jesus sagte einmal zu seinen Jüngern: *Wenn ihr nicht werdet wie die Kinder* .... Ich habe solche Kindlichkeit auch auf dem Jakobsweg in Spanien erlebt. Am Endpunkt dieses berühmten Pilgerweges wird das Grab des heiligen Apostels Jakobus in der Kathedrale von Santiago di Compostella verehrt. Dort sind die Pilger eingeladen, den Hochalter zu erklimmen, um die Statue des heiligen Jakobus zu umarmen und dem Heiligen einen Pilgerwunsch ins Ohr zu flüstern. Solche Kindlichkeit tut uns gut. Sie hilft, dass uns manchmal ein Licht aufgeht.

Damals in meiner Pfarre gestand mir nach der Kinderkrippenlegungsfeier tatsächlich ein junger Vater, noch dazu ein Akademiker, mit feuchten Augen: *Pater Karl, ich habe heute das erste Mal begriffen, was Weihnachten ist.*

Ja, Weihnachten ist die größte Geburtstagsparty der Welt, für den liebsten Menschen der Welt, für Jesus Christus, Gottes Sohn, der für uns Mensch geworden ist. Es ist das Kind aller Kinder, das nun Geburtstag feiert. Ja, das ist Weihnachten, wenn einem in Hirn und Herz aufgeht, dass wir den wichtigsten Geburtstag der Weltgeschichte feiern, den Geburtstag unseres Erlösers. *Happy Birthday, lieber Jesus!*

6.

DIE URALTE BOTSCHAFT VON WEIHNACHTEN

*D*ie älteste Weihnachtsbotschaft der Kirche hat der heilige Apostel Paulus im Galaterbrief überliefert. Er spricht dort von der Geburt Christi quasi nebenbei. Den Christen, die vormals Juden waren, möchte er zeigen, dass er selbst ein wirklicher und wahrhaftiger Jude war – genauso wie Jesus als wirklicher und wahrhaftiger Jude aus einer jüdischen Frau geboren wurde.

Wir hören diese Bibelstelle am Neujahrstag, wenn sich die Zeit nach der einwöchigen Feier der Geburt Christi in ein neues Jahr hinein wendet., wo der Apostel schreibt:

Als aber die Fülle der Zeit gekommen war, sandte Gott seinen Sohn, geboren aus der Frau, dem Gesetz unterstellt (Galaterbrief 4,4).

Mit der Geburt Christi ist die Zeit also offenbar *in Fülle* gekommen. Anders gesagt: die menschliche Sehnsucht erfährt tiefste Erfüllung. Im Kind in der Krippe, im menschgewordene Gott, liegt die Erfüllung unserer Sehnsüchte, all unserer Bedürfnisse, all unserer Hoffnungen. Genau das ruft Paulus auch der Kirche in Korinth in Erinnerung, wenn er über die Menschwerdung Jesu zu Weihnachten schreibt:

Denn ihr wisst, was Jesus Christus, unser Herr, in seiner Liebe getan hat: Er, der reich war, wurde euretwegen arm, um euch durch seine Armut reich zu machen (2. Korintherbrief 8,9).

Bedenke also Mensch: In der Krippe liegt auch deine Erfüllung! In der Krippe liegt dein Reichtum. In der Krippe liegt alles, was dich glücklich machen kann:

O du Defizitwesen Mensch, neige dich hinab zur Krippe! Knie nieder mit Maria und Josef vor dem Mysterium des unendlichen Reichtums, der dir hier geschenkt ist! O du Sehnsuchtswesen Mensch, schweige und staune wie Ochs und Esel! O du liebesuchender Mensch, eile mit den Hirten zur Krippe! Lege als Geschenk deine Hingabe in die Krippe! Denn in der Krippe liegt die Fülle des Sinnes deines Lebens und der Schlüssel für deine Ewigkeit.

7.

FÜRCHTE DICH NICHT, MARIA ZU DIR ZU NEHMEN

*D*er Apostel und Evangelist Matthäus besitzt einen etwas anderen Blickwinkel auf das Geschehen von Weihnachten als Paulus oder Lukas. Er beschreibt die Geburt Christi aus der speziellen Perspektive von Menschen mit jüdischem Hintergrund. Daher stehen für ihn zunächst einmal die Männer im Vordergrund. Dem Pflegevater Jesu, dem heiligen Josef, gilt seine besondere Aufmerksamkeit als treu sorgendem Mann, wie im Matthäusevangelium 1,18–25 zu lesen ist:

> Mit der Geburt Jesu Christi war es so: Maria, seine Mutter, war mit Josef verlobt; noch bevor sie zusammengekommen waren, zeigte sich, dass sie ein Kind erwartete – durch das Wirken des Heiligen Geistes.

Josef, ihr Mann, der gerecht war und sie nicht bloßstellen wollte, beschloss, sich in aller Stille von ihr zu trennen. Während er noch darüber nachdachte, erschien ihm ein Engel des Herrn im Traum und sagte:

Josef, Sohn Davids, fürchte dich nicht, Maria als deine Frau zu dir zu nehmen; denn das Kind, das sie erwartet, ist vom Heiligen Geist. Sie wird einen Sohn gebären; ihm sollst du den Namen Jesus geben; denn er wird sein Volk von seinen Sünden erlösen. Dies alles ist geschehen, damit sich erfüllte, was der Herr durch den Propheten [Jesaja] gesagt hat:

Seht, die Jungfrau wird ein Kind empfangen,
einen Sohn wird sie gebären,
und man wird ihm den Namen
Immanuel geben,
das heißt übersetzt: Gott ist mit uns.

Als Josef erwachte, tat er, was der Engel des Herrn ihm befohlen hatte, und nahm seine Frau zu sich. Er erkannte sie aber nicht, bis sie ihren Sohn gebar. Und er gab ihm den Namen Jesus.

700 Jahre zuvor hatte der Prophet Jesaja angekündigt: „Siehe, die Jungfrau wird ein Kind gebären ..." (Jesaja 7,14). Der Prophet kündigt damit das Unerwartete und menschlich gänzlich Unmögliche an, dass eine Jungfrau ein Kind gebären wird. *Immanuel*, das heißt *Gott mit uns,* solle und werde man das Kind nennen, so der Prophet.

In jeder Heiligen Messe werden wir übrigens an diesen Namen erinnert, wenn der Priester der Gemeinde mehrmals zuruft: *Der Herr sei mit euch!* Und wir antworten: *Und mit deinem Geiste.*

Noch spannender wird es, wenn wir unseren Blick auf Maria, die Jungfrau und Mutter Gottes lenken. Sie ist die prophezeite Frau, die ohne menschliches Mittun den Sohn Gottes empfängt und zur Welt bringt. Maria ist von Gott zu diesem besonderen und einzigartigen Auftrag auserwählt, aber nicht nur als passive Empfängerin von Gottes

Heilsmacht sondern auch als Gottes aktive Mitarbeiterin.

Lukas schildert uns diese Haltung sehr eindrucksvoll. Gott wartet auf das freie und freiwillige Ja, das berühmte *Fiat*, von Maria, wenn sie dem Engel antwortet: *Ich bin die Magd des Herrn. Fiat! Mir geschehe nach Deinem Wort!* (Lukasevangelium 1,38)

Dieses freie *Fiat* ermöglicht erst die Menschwerdung. Gott ist also kein allesüberwältigendes Absolutheitsprinzip; er lässt uns mit unserer Freiheit nicht gleichsam links liegen oder will uns gar in den Staub drücken. Maria hat als Mensch ihr Ja-Wort ganz frei gesagt. Gerade darum preisen sie alle Generationen mit Recht selig – nicht weil sie sich selbst irgendwohin gestellt hätte, sondern weil Gott in ihrem Ja das Ja der ganzen Menschheitsfamilie hörbar machen wollte. Maria gab als Erste ihr Ja-Wort; ohne ihr *Fiat* wäre das nachfolgende Ja aller Getauften unmöglich.

Daher schreibt der Apostel Paulus an seinen Mitarbeiter Timotheus: *Einer ist Gott, Einer auch Mittler zwischen Gott und den Menschen: der Mensch Christus Jesus!* (1. Timotheusbrief 2,5). Innerhalb dieser einen Mittlerschaft Christi haben wir alle

Platz; sind wir alle zur Mitarbeit berufen, um den Himmel mit der Erde zu verbinden.

Der Evangelist Matthäus berichtet übrigens ganz ungeschminkt über die verständliche Enttäuschung des heiligen Josef, als er erfährt, dass seine Verlobte, die er nicht angerührt hat, schwanger geworden ist. In dieser Situation wird Josef von Gott durch einen *Engel des Herrn*, angewiesen mit den Worten:

Josef, Sohn Davids, fürchte dich nicht, Maria als deine Frau zu dir zu nehmen; denn das Kind, das sie erwartet, ist vom Heiligen Geist.

Seit dem Mittelalter entbrannte – hier waren die Zisterzienser und der heilige Bernhard von Clairvaux ganz maßgeblich beteiligt – eine marianische Wärme, gleichsam ein marianisches Feuer.

In der Geschichte ist es der Kirche immer dann gut gegangen, war sie besonders fruchtbar, wenn dieses marianische Feuer in ihr glühend und hell gebrannt hat. Vielerorts allerdings glimmt dieses einst lodernde Feuer nur noch ein wenig; heute ist vielerorts in der Kirche eine winterliche Kälte eingekehrt.

Wie können wir Weihnachten als das Fest feiern, an dem unsere Erlösung durch die Menschwerdung Gottes ihren Anfang nimmt, und *nicht* die Frau ehren, verehren und lieben, die durch ihr Ja-Wort und ihre liebevolle Mutterschaft Gottes Heil an uns erst ermöglicht hat?

Vom heiligen Bernhard von Clairvaux († 1153), unserem Ordensvater, ist ein Satz überliefert, der uns zur Aktivität aufruft: *De Maria numquam satis*! Über Maria kann man gar nicht genug nachdenken, nachsinnen und predigen.

Wenn wir vielleicht herbsttrübe oder gar winterkalt in unserer Liebe zur Gottesmutter Maria geworden sind, dann unternimm und wage einen neuen Anlauf. Fürchte Dich nicht, Maria zu dir zu nehmen, sagte Jesus einst zum Apostel Johannes! Das gilt auch für heute: fürchte dich nicht, deine geistliche Mutter zu ehren und in dein Leben hineinzunehmen! Sie hat dir den Immanuel geschenkt, den Gott, der *mit Dir* sein will.

8.

UNGLAUBLICH:
GOTT KOMMT IN WINDELN!

W eihnachten ist eigentlich ein hochphiloso-
phisches Fest, mit einem total verwegenen
Gedanken: der unendliche Gott wollte ein endli-
cher Mensch werden! Wir Christen schauen auf
ein kleines Kind und glauben, dass dieses Kind der
Sohn Gottes ist. Wie verwegen!

Denn hält man sich nur einmal die Größe Gottes vor Augen; setzen wir nur einmal voraus, dass
es Gott gibt, dann wird jedem klar, wie unfass-
lich das Geschehen von Weihnachten ist. Was wir
Gott nennen, muss wirklich *ganz anders* sein als
alles, was wir sonst kennen und benennen. Aus
diesem Grund verwenden wir ja viele „negierende"
Bezeichnungen, um Gott zu beschreiben: unendlich, un-sterblich, un-fassbar, un-begrenzt oder
un-begreiflich.

Ein weiteres wichtiges Wort, um diese Anders-
heit Gottes zu beschreiben, ist das Wort *transzen-
dent*. Es bedeutet, dass Gott alles über-steigt, was
unser Verstand begreifen oder erfassen kann.
Wenn Gott existiert, dann kann es nur *transzen-
dent* sein. Das haben viele Religionen dieser Welt
erkannt. Die Juden etwa sprechen aus Ehrfurcht
vor dieser Erhabenheit den Namen Gottes nicht
aus, die Moslems berühren bei der Anrufung Gottes mit ihrer Stirn den Boden. In manchen östli-
chen Religionen versucht man, durch Meditation
mit diesem göttlichen Geheimnis eins zu werden.

Am Weihnachtstag wird deshalb in vielen Kir-
chen der *philosophischste* Text der Heiligen Schrift
vorgelesen, der Anfang des Johannesevangeliums:

*Und das Wort ist Fleisch geworden, und hat unter
uns gewohnt.*

Gemeint ist, dass Gott nicht mehr nur durch ein-
fache Worte oder bestimmte Erleuchtungen oder
Schriften zu uns spricht. Nein, viel radikaler gibt
sich Gott selbst durch den *Logos* (griech. *Wort)* zu
erkennen. Gemeint ist mit dem *Wort* Gott selbst,
der Schöpfer von Himmel und Erde. Und genau
dieser wurde in Christus aus der Jungfrau Maria

geboren wurde. Im Original lautet der berühmte
Text (Johannesevangelium 1,1–18):

Im Anfang war das Wort,
und das Wort war bei Gott,
und das Wort war Gott.

Im Anfang war es bei Gott.
Alles ist durch das Wort geworden
und ohne das Wort wurde nichts,
was geworden ist.

In ihm war das Leben
und das Leben war das Licht der Menschen.
Und das Licht leuchtet in der Finsternis
und die Finsternis hat es nicht erfasst.

*Es trat ein Mensch auf, der von Gott gesandt
war; sein Name war Johannes. Er kam als Zeu-
ge, um Zeugnis abzulegen für das Licht, damit
alle durch ihn zum Glauben kommen. Er war
nicht selbst das Licht, er sollte nur Zeugnis
ablegen für das Licht.*

Das wahre Licht,
das jeden Menschen erleuchtet,
kam in die Welt.

Er war in der Welt
und die Welt ist durch ihn geworden,
aber die Welt erkannte ihn nicht.

Er kam in sein Eigentum,
aber die Seinen nahmen ihn nicht auf.

Allen aber, die ihn aufnahmen,
gab er Macht, Kinder Gottes zu werden,
allen, die an seinen Namen glauben,
die nicht aus dem Blut,
nicht aus dem Willen des Fleisches,
nicht aus dem Willen des Mannes,
sondern aus Gott geboren sind.

Und das Wort ist Fleisch geworden
und hat unter uns gewohnt
und wir haben seine Herrlichkeit gesehen,
die Herrlichkeit des einzigen Sohnes
vom Vater,
voll Gnade und Wahrheit.

Johannes legte Zeugnis für ihn ab und rief:
Dieser war es, über den ich gesagt habe: Er, der
nach mir kommt, ist mir voraus, weil er vor
mir war.

Aus seiner Fülle haben wir alle empfangen,
Gnade über Gnade.
Denn das Gesetz wurde
durch Mose gegeben,
die Gnade und die Wahrheit
kamen durch Jesus Christus.
Niemand hat Gott je gesehen.
Der Einzige,
der Gott ist
und am Herzen des Vaters ruht,
er hat Kunde gebracht.

Michael Jackson – Gott hab ihn selig! – sang in einem berühmten Song: *You are not alone*. Für mich war dieses Liebeslied immer eine religiöse Ansage. Ich bin eben nicht allein – gottlos, ewigkeitslos, eingesperrt in ein paar verrinnende Lebensjahre –, sondern mein Gott ist in dieser kleinen Welt anwesend geworden, selber ganz klein, als Baby, als Kind.

Mein kleiner Bruder ist neun Jahre jünger als ich. Damals war es eine riesige Aufregung für mich, nach meiner Schwester noch ein Brüderchen zu bekommen. Mein Bruder sah als Baby besonders drollig aus, denn er hatte rote Haare.

Ich wurde oft abkommandiert, ihm die Windeln zu wechseln. Das war mir gar nicht angenehm, so sehr ich mein Brüderchen auch mochte. Igitt, die Windeln, die stanken ja!

Auch in der biblischen Weihnachtsgeschichte bei Lukas spielen die Windeln eine bedeutende Rolle. Gleich zweimal werden sie erwähnt: einmal kündigen Engel die Windeln als Zeichen für den Messias, den Retter der Welt, an. Gottes Sohn in Windeln! Zum anderen berichtet Lukas, dass Maria nach der Geburt Jesus in Windeln wickelte und ihn in eine Futterkrippe legte.

Weihnachten begreifen wir am besten, vielleicht gerade angesichts dieser Windeln des Christkindes. Die Windeln müssten uns eigentlich staunen lassen, über das Verwegene, das sich da ereignet: Gott kommt als Säugling. Ich wiederhole: *Gott kommt in Windeln!*

Ich addiere mal das Philosophisch-Verwegene mit dem Biblischen zusammen, dann komme ich zum Resultat: Der unendliche Gott ist endlich geworden, der ewige Gott zeitlich, der unfassliche Gott fasslich; Gott ist so real Mensch geworden wie Du und ich; so wie Du und ich einmal Win-

deln brauchten und jemanden, der uns den Popo
abwischt, so geschah es auch bei Gottes Sohn!

9.

WARUM GOTT SICH NICHT VERSTECKEN WILL

Gott will keiner sein, der sich sozusagen im Himmel versteckt nach der Art: *Pst, ich bin Gott, aber ich will mit euch nix zu tun haben!* Nein, Gott will der *Emmanuel* sein, der *Gott mit uns!*

Schrecklich finde ich es, dass wir Christen so dumm und stumpf geworden sind. Wir bekommen ja nicht einmal mehr eine Gänsehaut, wenn wir von unserem Glauben sprechen, der doch die aufregendste und provokanteste religiöse Botschaft ist, die es überhaupt gibt: Gott erscheint in Menschengestalt, Gott verkürzt sich – so haben es die Kirchenväter formuliert – *auf Krippenlänge.*

Mein Denken gerät hier, dass muss ich gestehen, öfters ins Stolpern. Auch wenn man wenn mir der Glaube schon als Jugendlicher geschenkt wurde, dann ist man noch lange nicht völlig ohne Zweifel, dann stolpert man sozusagen manchmal! Das kann ganz sinnvoll oder sogar notwendig sein, weil wir dabei die Provokation entdecken können, die unser Glaube bedeutet. Dann können wir umso entschiedener Ja zu sagen zu unseren christlichen Wurzeln.

Am Anfang des Christentums waren es ja gerade viele Intellektuelle, die aus dem Heidentum – mit seinen vielen Mythologien und Philosophien – zu Christus fanden. Unter ihnen ein nordafrikanischer Intellektueller namens Tertullian († ca. 220 n. Chr.), der durch sein Nachdenken die Verwegenheit des christlichen Glaubens erfasste und den Satz prägte:

Ich glaube, weil das nicht von Menschen erfunden sein kann. Ich glaube, weil es unausdenkbar ist, was da geglaubt wird!

Dass Gott, der Schöpfer, allmächtig, ewig und unendlich sein muss, das findet sich in fast alle Religionen dieser Welt. Das sagt uns eigentlich schon das vernünftige Nachdenken. Von nichts kommt nichts. Aber dass der allmächtige Gott, ein so ohnmächtiges Kindlein werden kann; dass Er, der so ewig ist, unsere Zeitlichkeit teilen kann; dass er, der so unendlich ist, ein krippengroßes windeltragendes Baby werden kann, das ist schon ein religiös herausfordernder Gedanke!

Wenn ich ehrlich bin, halte ich es mit Tertullian. In meinen Glaubenszweifeln sichert mich gerade der Gedanke, dass so etwas Verwegenes keine menschliche Phantasie erfunden haben kann. *Ich glaube, weil es unausdenkbar ist!*

Genau darum ist es mir viel zu wenig, wenn wir mit Weihnachten nur den Duft von Lebkuchen, Glühwein und Tannennadeln verbinden. Vielmehr sollten wir uns auch von dem Geruch provozieren lassen, der vor zweitausend Jahren von den Windeln dieses kleinen Kindes in Bethlehem ausgegangen ist! O würden wir Christen doch wieder begreifen, wie tief und schön die Mysterien unseres Glaubens sind!

In der Kirche verehren wir die heilige *Therese vom Kinde Jesus* als große Heilige. Ich selbst empfinde eine große Verehrung zu dieser Ende des 19. Jahrhunderts verstorbenen Karmelitin; allein schon deshalb, weil drei Kilometer vom Stift Heiligenkreuz entfernt das Karmelitinnenkloster Mayerling liegt, wo ich bei den Schwestern oft die Heilige Messe feiern darf.

Dort atmet man gleichsam die Jesusverliebtheit der heiligen Therese. Diese junge Nonne schildert ganz ungeniert und kindlich ihre Liebe zu Gott. Papst Johannes Paul II. meinte, dass wir Christen dieses weibliche Feuer der Liebe insgesamt brauchen würden und erhob Therese zur Kirchenlehrerin.

Die heilige Therese stellte in einem Gebet dem kleinen Jesuskind eine fiktive Frage: *Jesus, was hat dich so klein gemacht?* Und sie gibt selbst die Antwort: *Die Liebe! Die Liebe ist es, die dich auf die Erde und in die Krippe und schließlich ans Kreuz gebracht hat!* Ein tolles Wort! Schon deshalb hat diese Frau, die nie Theologie studiert hat, es verdient, eine Kirchenlehrerin, ein Doktor der Kirche, genannt zu werden.

Liebe! Gott ist die Liebe. Gott liebt uns. Das ist die Substanz von Weihnachten; das ist der Grund für die größte Geburtstagsparty der Welt; darum inszeniert sich Gott in Krippe und Windeln, um uns diese Botschaft zukommen zu lassen. Darum lässt er die Distanz zwischen Ewigkeit und Zeit zurück.

Also ich gestehe ja, dass man sich zu Weihnachten über Vieles freuen kann, aber ich behaupte, dass man Weihnachten am tiefsten dann feiern kann, wenn man mit Hirn und Herz verstanden hat, worum es im Kern eigentlich geht: um den liebevollen Annäherungsversuch unseres Gottes an das Herz von uns Menschen.

10.

WARUM SCHENKEN GLÜCKLICH MACHT

*D*ie hochschwangere Maria und ihr Verlobter Josef fanden bekanntlich in Bethlehem, der Stadt des großen Königs David (ca. 1000–930 v. Chr.) keine Aufnahme. Niemand wollte diese kleine Familie in der überfüllten Stadt beherbergen. Dabei entstammte Josef sogar aus dem Königsgeschlecht Davids.

So stand Josef vor besonderen Schwierigkeiten, seinen speziellen Auftrag, den er von Gott erhalten hatte, auszuführen. Er sollte nämlich seine schwangere Verlobte, die ihr Kind aber nicht von ihm sondern von Gott höchstpersönlich auf wunderbare Weise empfangen hatte, begleiten, schützen und wie ein guter Mann umsorgen.

Eine in der Tat etwas verwirrende Geschichte. Einerseits galt, juristisch gesehen, Josef als offizieller Vater. Als Jesus rund dreißig Jahre später in

Jerusalem einzog, riefen die Menschen daher auch euphorisch: *Hosanna dem Sohne Davids!* Doch andererseits wurde Jesus, wie viele andere Bibelstellen bezeugen, immer wieder auch *Sohn Gottes* genannt. Was steckt dahinter?

Als ich in den 1990er-Jahren in einer kleinen Wienerwaldgemeinde in der Nähe unseres Stiftes Heiligenkreuz Pfarrer war, ließ der Balkankrieg eine Welle von Flüchtlingen über Österreich hinwegschwappen. Damals habe ich sieben Frauen einer bosnischen Familie bei mir im kleinen Pfarrhof von Sulz, so hieß meine Pfarre, aufgenommen.

Darunter auch eine junge hochschwangere Frau, deren Mann im Kriegsgebiet zurückgeblieben war. Das bereitete uns zusätzlich viel Angst und Sorge. Die junge Mutter brachte in dieser Zeit ihre kleine *Leila* – nicht wie Maria in einem Viehstall sondern ganz geordnet im Spital – zur Welt. Aber doch war alles irgendwie weihnachtlich aus einem anderen Grund.

Ich bin dem lieben Gott sehr dankbar, dass er mir damals die Gelegenheit gegeben hat, an dieser muslimischen Familie etwas Gutes zu tun. Mir ist dabei das ganze Elend der Heimatlosigkeit aufgegangen: Es ist schrecklich, alles verloren zu haben, was man aufgebaut hat, dann keinen Platz mehr zu haben, wo man zu Hause ist, noch dazu oft abgelehnt, gedemütigt und erniedrigt zu werden.

Einem solchem Schicksal hat sich auch Jesus unterworfen. Er wollte offenbar sein Leben ganz unscheinbar beginnen. Der Sohn Gottes kam nicht, um in den Palästen oder Grand-Hotels dieser Welt abzusteigen. Der König und Schöpfer des ganzen Universums, kam als kleines Kind auf die Welt und wurde bald ebenfalls zum Flüchtling. Der Apostel Paulus formuliert deswegen in seinem 2. Brief an die Kirche in Korinth: *Er, der reich war, wurde euretwegen arm, um euch durch seine Armut reich zu machen.* (2 Kor 8,9). Martin Luther hat im 16. Jahrhundert vom wunderbaren Wechsel gesprochen, der zwischen Gott und Mensch stattfindet. Manche Kirchenväter haben es ganz steil formuliert und gesagt: *Gott wurde Mensch, damit wir Gott würden.* Wir Christen glauben, dass Gott auf diese Weise Mensch geworden ist, weil er wirklich bis an den untersten Punkt im gesellschaftlichen und sozialen Ansehen herabsteigen wollte.

Die misslungene Herbergssuche öffnet uns die Augen, dass wir das Göttliche gerade im Verborgenen und im Unscheinbaren erkennen können. Das Kind, das hier abgewiesen wird, wird später sagen: *Was ihr einem der geringsten meiner Brüder getan habt, das habt ihr mir getan!*

Unser Volksschullehrer hat mit uns Kindern immer eine Weihnachtsfeier gestaltet, bei der auch die Herbergssuche nachgespielt wurde. Untermalt von dem eindrucksvollen Lied *Wer klopfet an* ziehen Maria und Josef von Tür zu Tür, von Herberge zu Herberge, von Wirt zu Wirt, um ein Quartier zu finden.

Jedes Mal entspinnt sich ein Dialog: *Wer klopfet an? O zwei gar arme Leut! Was wollt ihr dann? O gebt uns Herberg heut. O durch Gottes Lieb wir bitten, öffnet uns doch eure Hütten.*

Mir fiel dabei immer die Rolle zu, mit tiefer Stimme einen energischen Wirt zu mimen, der Maria und Josef und Jesus abwies! Am Schluss stand die mächtig zu singende Abweisung: *Nein o nein es kann nicht sein, da geht nur fort, ihr kommt nicht rein!"* Ihr kommt nicht rein, Punkt, Aus, Ende, Schluss, das tue ich mir nicht an, euch aufzunehmen. Schaut, dass ihr weiterkommt, wie man auf österreichisch sagt.

Manchmal ärgere ich mich über die Stapel von Bettelbriefen, die ich vor Weihnachten erhalte. Sogar wir besitzlosen Mönche werden angebettelt. Mir kommt es manchmal so vor, als hätten alle karitativen und humanitären Einrichtungen nur darauf gewartet, dass endlich Weihnachten kommt. Ja, da sind unsere Herzen wirklich weicher als sonst. Mir fällt in den letzten Jahren auf, dass fast überall mit der Not der Kinder geworben wird. Vielleicht liegt das an unserem kollektiven schlechten Gewissen, das sich über die Zeit entwickelt hat, weil wir in der Realität viel zu verschlossen für Kinder sind. Viel zu sehr sehen wir Kinder als Belastung und Einschränkung. Dabei ist doch das Vater- und Muttersein das schönste Geschenk, das der Schöpfergott uns Menschen machen wollte.

Die vergebliche Herbergssuche von Maria und Josef ist ein Hinweis für *unsere* kalten und harten Herzen! Wie dankbar müssen wir dem Kind dafür sein, das es da zwischen Ochs und Esel das Licht der Welt erblickte. Später wird Jesus die Welt mit der großen Botschaft provozieren: *Geben ist seliger als nehmen!* (Apostelgeschichte 20,35).

Besitz und Reichtum, Geld und Ehre, Sparkonto und Titel, Aktienpakete und Statusauto, das können wir alles nicht mit in den Himmel nehmen. Mein Vater, von Beruf Kaufmann, ist mir durch seine christliche Großzügigkeit immer ein Vorbild gewesen. Er hat die lästigen Erlagscheine, die da vor Weihnachten so haufenweise eintrudelten immer auf seinem Schreibtisch gestapelt, dann abgewogen, wo am meisten zu helfen ist. Nur ganz wenige dieser Bittbriefe hat er aussortiert. Dort, wo ihm die Not besonders drückend schien, hat er – wohlüberlegt und großzügig! – gegeben.

Jetzt, wo ich selber für meine Priesterstudenten an unserer Hochschule oft betteln gehen muss, staune ich manchmal über die so weiten Herzen, die sich sehr konkret durch weit geöffnete Brieftaschen von Spenderinnen und Spendern zeigen. Viele haben doch die Lektion gelernt, die uns das Christkind damals schon erteilen wollte, als es sich noch als Ungeborenes hat abweisen lassen von Tür zu Tür, von Herz zu Herz.

Wer hart bleibt, wer gierig in sich selbst versperrt bleibt, den wird auch das Licht nicht umstrahlen, das über der Krippe von Bethlehem leuchtete. So einfach und so klar ist das. Es ist wichtig, dass sich zu Weihnachten unser soziales Gewissen regt; es ist absolut gut, dass uns die bittere Not vieler Menschen, der Flüchtlinge und der Armen aufstößt. Es ist gut, wenn es uns peinlich berührt, dass heute immer noch Menschen in Ställen leben, in Slums und unter Brücken. Wer Weihnachten feiern will, ohne sich anrühren zu lassen von der stummen Bitte so vieler, von dem Elend der Ärmsten der Armen, der ist kein Christ, der ist nicht einmal ein Mensch, der ist ein Monster!

Schon als ungeborenes Kind richtet der kleine Jesus daher an uns den Appell, keine grausamen Türzuknaller zu sein, die mit versteinertem Herzen den Hilfesuchen voll Eigensinn und Grausamkeit entgegenzubrüllen: *Nein o nein, das kann nicht sein, da geht nur fort ihr kommt nicht rein!* Weihnachten macht unsere Herzen weicher; schon deshalb ist es gut, dass es Weihnachten gibt und: dass wir es richtig feiern!

11.

WEIHNACHTEN: REINSTE FREUDE ODER GROSSES PROBLEM?

W enn ich die Weihnachtsgeschichte hören, so fällt mir das große Theater auf, das nach der Geburt des Christuskindes in Bethlehem aufgeführt wird: Ein mächtiger Engel weckt schlafende Hirten auf und überrascht sie. Sie verkünden, dass der Retter geboren ist; als Beweis nennen sie ein Kind, das man in Windeln gewickelt finden wird. Dann kommen noch andere, singende Engel dazu, die *Ehre sei Gott in der Höhe* anstimmen. Später wird dann dieser Gesang zum *Gloria in excelsis Deo*, einem liturgischen Gesang unserer Gottesdienste.

Dann ist es vorbei mit der Abgeschiedenheit des Stalles von Bethlehem: Die Hirten eilen zur Krippe, vermutlich mitsamt ihren Herden, um sich das alles anzuschauen. Sie werden zu den ersten

Weihnachtsboten, weil sie überall erzählen, was ihnen in der Himmelsvision über dieses Kind gesagt worden ist. Kombiniert man das Weihnachtsevangelium nach Lukas mit der Erzählung des Evangelisten Matthäus, so geht das Theater sogar weiter. Da kommen die drei Weisen aus dem Morgenland an die Krippe, um dem Kind Gold, Weihrauch und Myrrhe zu bringen. Nicht nur mich hat dieses Getriebe und Geschiebe rund um das Jesuskind immer schon fasziniert. In wie vielen alpenländischen Krippendarstellungen findet man das Drumherum von Ochs und Esel, Hirten, Schafen, Rindern und den Drei Königen mit ihrem orientalischen Outfit und ihren Dromedaren, Pferden und Elefanten imposant ausgestaltet!

Mir persönlich gefällt in diesem bunten multikulturellen und multisozialen Gedränge um das Kind, das ja Erlöser *aller* Menschen ist, das Wort des Verkündigungsengels am besten. Seine Ansage über die Geburt Christi lautet: *Fürchtet euch nicht, denn ich verkünde euch eine große Freude, die dem ganzen Volk zuteilwerden soll.*

Für mich bedeutet das Christentum reinste Freude. Deshalb gefällt es mir, dass es schon bei der Geburt Christi um die Freude geht. Ich halte gar nichts von Astrologie oder irgendwelchen datumsmäßigen Zusammenhängen, aber es passt doch ganz gut zu mir, dass ich an einem Faschingssonntag geboren wurde. Mein Vater hatte meine Mutter ganz fürsorglich ins Spital gebracht. Da ich aber auf mich warten ließ, fuhr er nach Hause und hörte von meiner Geburt auf einem Faschingsball. Es ist für mich ein schöner Gedanke, dass ich in die Fröhlichkeit hinein geboren wurde! Ich danke Gott, dass er auch mein Gemüt mit dieser Grundstimmung ausgestattet hat.

Darum finde ich es so herrlich, dass das Christentum mit dem Ruf vom Himmel beginnt: *Fürchtet euch nicht, ich verkünde euch eine große Freude!* Für manche Theologen und kirchliche Funktionäre vielleicht eine ganz neue Botschaft, denn der Engel hat tatsächlich nicht gerufen: *Ich verkünde euch ein großes Problem!* Er hat tollkühn verkündet: *Ich verkünde euch eine große Freude!* Christentum ist Freude.

12.

SICH VOR GOTT FÜRCHTEN?

*I*ch weiß, dass sich viele Menschen vor Gott fürchten, sich fürchten vor Christus, sich fürchten vor der Kirche, sich davor fürchten, ein gemeinsames Leben mit dem Jesuskind zu führen. Viele, die jahrelang in Distanz zum christlichen Glauben standen, sich mit allen möglichen Argumenten und Ausreden vorgespielt haben, dass sie Gott nicht brauchen, haben natürlich Schwellenangst.

Viele, die Böses denken und Böses tun, fürchten auch, dass sie von Gott nicht mehr angenommen werden. Leider muss ich sagen, dass wir in der Kirche viel zu wenig tun, um den Menschen diese Schwellenangst zu nehmen, einen Schritt hin auf Gott zu tun.

Darum meint der Engel über der Krippe auch uns, Dich und mich, wenn er ruft:

Fürchte Dich nicht, Dich auf Gott einzulassen! Du wirst nicht bestraft, sondern gerettet; Du wirst nichts verlieren, sondern alles gewinnen.

Die Geburt Christi wird erst seit dem 4. Jahrhundert am 25. Dezember gefeiert, der Vortag wird der *Heilige Abend* genannt. Man hat das Datum bewusst gewählt, weil es sich dabei um die Wintersonnenwende handelt. Von da an werden die Tage länger und lichtvoller, die Sonne gewinnt an wärmendem Glanz.

Weihnachten steht für den Sieg der Sonne über die Finsternis. Außerdem feierten die Heiden mit viel Euphorie an der Wintersonnenwende den *Sol Invictus*, den unbesiegbaren Sonnengott. Die Christen versuchten nun, dieses heidnische Brauchtum auf Christus hin umzudeuten.

Auch heute erleben wir gleichsam eine Rückwärtsbewegung. Zu Weihnachten spielt das Licht eine große Rolle in unseren Häusern und Städten. Wir sehen viele Lichterketten, romantische Kerzen und Sterne am Weihnachtsbaum bis hin zu den energieverschwendenden Auswüchsen, mit denen Amerikaner zu Weihnachten ihre Häuser und Vorgärten illuminieren.

Im Weihnachtsevangelium lesen wir, dass der Engel *vom Glanz des Herrn umstrahlt* war. Das jagte den Hirten zunächst einen gehörigen Schrecken ein. Doch dann verkündete der Engel ihnen die so trostreiche Nachricht vom Erscheinen des Heilands Jesus Christus: nicht irgendein Licht umstrahlte den Engel, sondern der Glanz des Herrn, ein Licht, das von Gott selbst kam.

Licht und Finsternis sind hier die Bildworte für unsere Seele. In der letzten Zeit beobachte ich, dass bei vielen Menschen die Depressionen zunehmen. Selbst dort, wo keine psychologische Krankheit vorliegt, leben viele in einer Art lustlosen Traurigkeit dahin. In unserem Kloster kommen täglich viele Briefe und Emails an, in denen Menschen um das Gebet bitten, weil es *finster* in ihnen ist.

Die Ursachen können sehr verschieden sein; manchmal liegen konkrete Probleme vor; manchmal fühlen die Menschen aber auch einfach eine nebelige Gestimmtheit, die wie ein tödlicher Schatten auf der Seele liegt. Vielfach schreiben mir Menschen, dass sie uns Mönche beneiden, weil sie spüren, dass wir deshalb glücklich sind, weil wir einen Sinn im Leben haben.

Ich denke, dass der Engel mit seinem strahlenden Lichtglanz im Himmel über Bethlehem uns ein Antidepressivum anbieten möchte. Ein rezeptfreies Medikament, das zudem nichts kostet, das aber doch so viel Aufhellung in unser Menschenleben bringen kann. Das Medikament trägt den Namen *Freude*.

Ich weiß schon: Freude kann man nicht verschreiben, man kann sie auch nicht anordnen. Aber man kann den Grund angeben, warum und worüber man sich freuen kann:

Ich verkünde euch eine große Freude, die dem ganzen Volk zuteilwerden soll, so die Originalbotschaft des Engels an die Hirten. Und dann geht es weiter: *Heute ist euch ... der Retter geboren; er ist der Messias, der Herr.*

Man muss sich ein bisschen bei dem schlauen Literaten und Evangelisten *Lukas* auskennen, damit man die Botschaft wirklich gut versteht. Der Engel sagt nicht, dass die Freude darin besteht, dass der Retter geboren ist, sondern der springende Punkt ist: dass der Retter *heute* geboren ist.

Hodie heißt das auf lateinisch und ist im Gregorianischen Choral in den herrlichsten Melodien vertont worden. Wenn wir Menschen stumpf und depressiv, ungläubig und todesängstlich meinen, dass es außer diesem kurzen kleinen Leben tatsächlich nichts gibt, dann öffnet Gott in der Heiligen Weihnacht die Luke des Himmels. Lichtglanz fällt von oben herab und der Engel will jedem von uns zurufen:

Ich verkünde dir eine große Freude: Heute ist dir der Heiland geboren!

13.

HEUTE DIE HIMMLISCHE FREUDE EMPFANGEN!

*W*ir feiern zu Weihnachten ein historisches Ereignis, das die Weltgeschichte verändert hat. Weihnachten ist dennoch kein Ereignis von *damals*. Da könnte ich ja sagen: Was geht das mich an, dass da vor 2000 und ein paar Jahren irgendwo in Israel ein Kind geboren wurde?

Die Weihnachtsgeschichte betont, dass dieses Geschehen nicht nur *einst* sondern auch *heute* geschieht. Der Evangelist Lukas, der sein Evangelium vielleicht 30 Jahre nach dem Tod und der Auferstehung Jesu verfasst hat, betont einige Male dieses *Heute*. Als Jesus einmal während seiner Wanderschaft in seine Heimatstadt Nazareth kommt, liest er beim Synagogengottesdienst die Messiasverheißung aus dem Propheten Jesaja vor und fügt hinzu:

Heute hat sich dieses Schriftwort erfüllt (Lukas 4,21).

Als der vom Wuchs her kleine Zöllner namens Zachäus auf einen Baum klettert, um Jesus sehen zu können, da holt ihn Jesus herunter mit den Worten:

Zachäus, komm schnell herunter, denn heute muss ich in deinem Haus zu Gast sein (Lukas 19,5).

Als der zum Tode verurteilte Schächer, rechts vom Kreuz Jesus, reuevoll um Vergebung bittet, antwortet dieser mit dem berühmten Wort:

Heute noch wirst Du mit mir im Paradies sein (Lukas 23,43).

Die Freude meines Lebens ist, dass Gott mir nahe ist. Für mich ist die Wirklichkeit Gottes nicht etwas Fernes oder Distanziertes; ich habe eher das Gefühl, dass Er mir unmittelbar nahe sein möchte. Und das ist nicht irgendwann, irgendwie, sondern geschieht heute, jetzt, jederzeit.

Wenn irgendjemand auf einen kleinen Mönch in einem österreichischen Wienerwaldkloster hören möchte, dann will ich ihm jetzt zurufen:

Lass Dir doch die Freude schenken, Dich von Gottes Gegenwart berühren zu lassen. Das ist das Antidepressivum, das uns der Engel vom Himmel herab verkündet. Heute will Gott Dir nahe sein, dazu ist er damals in den Koordinaten von Raum und Zeit ein Kind ge-

worden, um Dir hier und jetzt zu versichern, dass er
Dir hier und jetzt nahe sein möchte.

Und wäre Christus tausendmal zu Bethlehem geboren, und nicht in Dir, so bliebest Du doch ewiglich verloren, so hat der spätbekehrte Mystiker Johannes Scheffler im 17. Jahrhundert begnadet gedichtet.

Vom bayrischen Kabarettisten Karl Valentin ist eine tiefgründige Pointe überliefert, die noch besser in unsere heutige Zeit passt, wo man seit Jahrzehnten unsere altbewährten christlichen Gebets- und Spiritualitätsformen zu vernachlässigen beginnt und stattdessen neugierig und lustvoll mit östlichem Meditieren und Transzendieren aus anderen Religionen experimentiert. Karl Valentin wird da von Liesl Karlstadt gefragt, ob er denn nicht auch *nach innen gehen will?* Und Valentin antwortet: *Da war ich schon, ist auch nicht viel los.*

Für mich ist das eine Art Hinführung zum Weihnachtsevangelium, denn der Engel, der die Freude ankündigt, sagt den Hirten ja nicht, dass sie bloß meditieren oder transzendieren oder sonst etwas Innerliches tun sollen, sondern er schickt sie auf eine anderen Weg: Sie sollen zur Krippe gehen; sie sollen zu dem Kind in Windeln gehen. Dort werden sie die Freude finden. Heute, wie zu aller Zeit. Am Schluss der Weihnachtserzählung wird uns schließlich Maria vor Augen gestellt. Sie bewahrte alles *in ihrem Herzen*, heißt es dort. Alles, was sie um diese Geburt ihres Kindes an Engeln, singenden Himmelschören, Geschenke heranschleppenden Hirten und göttlichem Lichtglanz erlebt hat.. Wenn man Jesus ins Herz geschlossen hat, dann ist da wirklich viel los. Wenn die Liebe Gottes angekommen ist, dann breiten sich Freude, Engel und Himmelsglanz aus. Genau das wollen wir zu Weihnachten feiern.

14.

MIT DEN AUGEN SIMEONS
AUF WEIHNACHTEN SCHAUEN

*W*ir wollen eine echte Betrachtung halten. Betrachtung heißt, dass wir unsere Phantasie anstrengen und die Geschehnisse von Weihnachten mit den Augen unseres Herzens betrachten. Betrachtung ist eine Art der Filmvorführung des Heiligen Geistes in unseren Herzen, in unserer Phantasie. Zu Weihnachten wird das göttliche Kind von den Engeln bejubelt, von den Hirten geehrt und angebetet.

Von einer Person wird uns im Neuen Testament berichtet, die uns lehrt, das Weihnachtsgeheimnis zu verstehen. Der Lobgesang dieser Person ist so wichtig, dass sie zum täglichen Abendgebet der Kirche geworden ist. Von dieser Person, namens *Simeon*, heißt es:

Er war gerecht und fromm und wartete auf die Rettung Israels, und der Heilige Geist ruhte auf ihm (Lukasevangelium 2,21).

Als Jesus am 40. Tag nach der Geburt, gemäß dem Gesetz des Moses im Tempel durch ein stellvertretendes Tieropfer als Erstgeborener ausgelöst wurde, führte der Heilige Geist *Simeon* in den Tempel. In prophetischem Gestus begrüßte Simeon das Kind als das Heil Gottes mit einem Lobpreis

Nun lässt du, Herr, deinen Knecht, wie du gesagt hast, in Frieden scheiden. Denn meine Augen haben das Heil gesehen, das du vor allen Völkern bereitet hast, ein Licht, das die Heiden erleuchtet, und Herrlichkeit für dein Volk Israel (Lukasevangelium 2,29–32)

Dieser Hymnus, lateinisch *Nunc dimittis*, ist seit dem 8. Jahrhundert Bestandteil der abendlichen Komplet, des offiziellen Abendgebetes der Kirche. Simeon prophezeit, dass dieses Kind *dazu bestimmt sei, dass in Israel viele durch ihn zu Fall kommen und viele aufgerichtet werden. Es wird ein Zeichen sein, dem widersprochen wird.* Und zu Maria sagt Simeon, dass ein Schwert durch ihre Seele dringen werde.

Früh nahm sich die Legendenbildung Simeons an. Nach dem Protoevangelium des Jakobus (24,3f.) sei er ein Priester im Tempel gewesen, nach den Acta Pilati (17,1) sogar der Hohepriester. In der Heiligen Nacht war er zwar nicht zugegen, doch 40 Tage später werden Maria und Josef, als sie den kleinen Jesus in den Tempel bringen, von Simeon schon sehnsüchtig erwartet.

Lesen Sie doch bitte einmal in Stille die Erzählung der Begegnung von Simeon mit dem Jesuskind! Danach lade ich Sie ein, eine ganz persönliche Betrachtung über diese weihnachtliche Begegnung mit Jesus zu halten (Lukasevangelium 2,22–35).

Dann kam für sie der Tag der vom Gesetz des Mose vorgeschriebenen Reinigung. Sie brachten das Kind nach Jerusalem hinauf, um es dem Herrn zu weihen, gemäß dem Gesetz des Herrn, in dem es heißt: Jede männliche Erstgeburt soll dem Herrn geweiht sein. Auch wollten sie ihr Opfer darbringen, wie es das Gesetz des Herrn vorschreibt: ein Paar Turteltauben oder zwei junge Tauben.

In Jerusalem lebte damals ein Mann namens Simeon. Er war gerecht und fromm und wartete auf die Rettung Israels und der Heilige Geist ruhte auf ihm. Vom Heiligen Geist war ihm offenbart worden, er werde den Tod nicht schauen, ehe er den Messias des Herrn gesehen habe.

Jetzt wurde er vom Geist in den Tempel geführt; und als die Eltern Jesus hereinbrachten, um zu erfüllen, was nach dem Gesetz üblich war, nahm Simeon das Kind in seine Arme und pries Gott mit den Worten:

Nun lässt du, Herr, deinen Knecht,
wie du gesagt hast, in Frieden scheiden.

Denn meine Augen haben das Heil gesehen,
das du vor allen Völkern bereitet hast,

ein Licht, das die Heiden erleuchtet,
und Herrlichkeit für dein Volk Israel.

Sein Vater und seine Mutter staunten über die Worte, die über Jesus gesagt wurden.

Und Simeon segnete sie und sagte zu Maria, der Mutter Jesu:

Dieser ist dazu bestimmt, dass in Israel viele durch ihn zu Fall kommen und viele aufgerichtet werden, und er wird ein Zeichen sein, dem widersprochen wird. Dadurch sollen die Gedanken vieler Menschen offenbar werden. Dir selbst aber wird ein Schwert durch die Seele dringen.

15.

WEIHNACHTEN
MIT DEN AUGEN DES
HERZENS BETRACHTEN

*W*ir wollen nun Weihnachten nacherleben, mit den Augen des Herzens, all unsere Sinne auf das Geschehen rund um die Krippe richten. Maria und Josef bringen das kleine Kind, den Erstgeborenen, in den Tempel, Sie wollen ihn durch ein stellvertretendes Opfer auslösen, ein Paar Turteltauben, weil sie sich als arme Leute kein Lamm oder Ziegenböcklein leisten können.

In diesem Augenblick wird Simeon vom Heiligen Geist in den Tempel geführt:

Betrachten wir, dass *wir* es jetzt sind, die mit Simeon in den Tempel treten.

Wir haben nichts mit außer unsere Sehnsucht nach Heil, nach Frieden, nach Gott. Wir kommen mit leeren Händen vor Gott. Unsere Sehnsucht ist die Sehnsucht des greisen Simeon. Unsere Augen wollen das Heil sehen.

Und nun sind wir es, die diesem besonderen Kind begegnen dürfen. Wir blicken mit unseren inneren Sinnen auf das Kind. Maria ist es, die uns das Kind entgegenhält.

Wir schauen ein Kind, das seine großen gütigen Augen auf uns ruhen lässt. Das Kind lächelt uns an. Es ist das Lächeln Gottes. Wir entgegnen das Lächeln. Das Kind wird uns entgegengestreckt. Wir wollen uns bereit machen, dieses Kind anzunehmen, es in unsere Arme zu nehmen, es an unser Herz zu drücken.

Wir lassen das Kind nicht aus den Augen, denn sein gütiges Lächeln berührt und beruhigt uns. Wir sind ganz natürlich, denn es liegt in unserer Menschennatur, dass uns Kinder verzücken, bezaubern, dass wir Kinder liebkosen und an die Brust drücken wollen. Aber dieses Kind strahlt noch etwas anderes aus, eine Sehnsucht geht von diesem Kind aus, eine Sehnsucht, die *mich* meint.

Wir können eine Zärtlichkeit fühlen, die von diesem kleinen Kind aus uns umfluten möchte. Ein sanftes, unsichtbares Licht dringt aus den Augen und dem Gehabe dieses Kindes. Die Wärme der Gegenwart Gottes strömt uns hier entgegen.

Das Kind wird uns hingehalten. Wir sehen, wie es uns die Arme entgegenstreckt. Maria, seine Mutter, ist keine selbstsüchtige Mutter. Sie will, dass wir teilnehmen, teilnehmen an ihrer Mutterschaft. Sie streckt uns das Kind entgegen. Wir dürfen unsere Hände öffnen, ja, das Kind an uns drücken.

In der Nacht von Bethlehem, da knieten die Hirten ehrfurchtsvoll vor dem Kind. Sie huldigten ihm und erwiesen ihm Ehre. Doch sie zeigten auch eine gewisse Distanz und Unsicherheit. Noch wirkt ihr Verhalten wie ein scheues Zurückstehen.

Doch jetzt, 40 Tage nach der Geburt, wird diese Kluft übersprungen. Simeon nimmt das Kind in seine Arme. Und wir dürfen es ihm gleichtun.

Denn welche große Nation hätte Götter, die ihr so nah sind, wie Jahwe, unser Gott, uns nah ist, wo immer wir ihn anrufen? (Deuteronomium 4,7). So heißt es schon in den Schriften, die Jahrhunderte vor der Geburt Christi verfasst wurden.

Uns zeigt sich Gott als ein Gott, der so nahe ist, dass er in unseren Armen getragen werden kann, wie das kleine Kind in den Armen Mariens,

in den Armen Simeons – und in meinen Armen!
Wir Christen glauben an einen Gott, der in unseren Armen und Herzen getragen werden will. Wir
glauben an einen Gott, der unsere Nähe sucht.
Gott der *mich* sucht.

So dürfen wir es wagen, dieses Kind in unsere
Arme zu nehmen, ganz liebevoll. Ja, wir dürfen es
an uns drücken. Ein kleines Kind, der große Gott!
Die Nähe dieses Kindes macht uns glücklich. Der
strahlende Blick der Liebe ruht weiter auf uns. Wir
drücken unsere Wange an die Wange des Kleinen.

Vielleicht können wir sogar den zarten Pulsschlag spüren, wenn wir ganz still werden. Hier
schlägt das Herz Gottes, hier schlägt der Pulsschlag des Ewigen. Wir sind geborgen. Das Kind
birgt uns in seiner Nähe. Jesus! Wir wissen, dass
jetzt alles gut ist. Wo dieses Kind ist, ist alles nur
Seligkeit. Meine Probleme werden ganz klein, ja
sie zerfließen ins Nichts.

Lassen wir es zu, dass eine Woge der Ruhe und
des Friedens in unserem Herzen aufbrandet. Eine
Woge, die aus dem innersten Punkt meines Herzens nach außen strömen möchte. Auch Simeon
hält ja das Glück nicht fest, sondern er preist es als
die Herrlichkeit, die Gott vor allen Völkern bereitet

hat. Die Liebe des Kindes meint mich, weil sie alle meint, alle Menschen, alle Völker, alle Rassen, alle Kulturen – wirklich alle!

Es drängt mich, mein Glück zu teilen. Wo meine Augen in die Augen Gottes geblickt haben, wo meine Hände den Leib des Herrn getragen haben, da beginnt mein Herz im Rhythmus des Herzens Jesu zu schlagen. Die Selbstsucht fällt von mir ab. Ich will mein Glück hinausrufen wie Simeon. Ich will es teilen, damit es größer wird. Simeon, du seliger Simeon, lass mich an deiner Stelle sprechen, was du einst gesagt. Ich bin es ja, hier und heute, der wie du den Erlöser in seinen Händen, in seinem Herzen tragen darf.

Gib mir Deine Worte, du seliger greiser Mensch, der Du Dein Leben lang gesucht hast, bis es Dir ebenso erging wie mir. Lass mich beten mit den greisen Lippen der Kirche die ewigen Worte des greisen Simeon:

„Nun lässt Du Herr, mich in Frieden scheiden. Denn meine Augen haben das Heil gesehen: das Licht zur Erleuchtung der Heiden, und funkelnder Glanz für Dein Volk Israel."

Ich bin ganz still geworden. Ich bin mir bewusst, dass ich jetzt das Bild wieder lassen muss, dass meine Phantasie wieder eintauchen muss in die kantige Welt der Wirklichkeit. Alle feiern Weihnachten, doch so viele Menschen sind fern vom eigentlichen Geheimnis der Nähe Gottes. Sie lassen das Jesuskind nicht zu sich.

Bei mir soll es anders sein. Mein Herz und all meine Gefühle wollen dem Kind in der Krippe fortan nicht mehr ferne sein. Denn ich habe es auf meinen Armen getragen. Fortan soll jeder Pulsschlag mich erinnern, dass ich die wärmende Liebe des göttlichen Kindes tatsächlich in mir tragen darf: Meine Augen und mein Herz, o Herr, sehen immerdar das Heil: das Licht zur Erleuchtung der Heiden und Herrlichkeit und Glanz für Dein Volk Israel!

16.

DIE FEIER DES HEILIGEN ABENDS

*D*er 24. Dezember ist ein besonderer Tag, weil er in einen besonderen Abend einmündet: den Heiligen Abend. Verbringe den Tag sinnvoll. Entschleunige. Nimm Dir Zeit für andere. Öffne Dein Herz. Denk auch an die Verstorbenen. Ein schöner Brauch ist es, die Gräber zu besuchen und für die Lieben zu beten, die bereits heimgegangen sind.

Besuche mit den Kindern oder Enkelkindern eine Krippenandacht.

Und noch ein Tipp: Weihnachten ist nicht das Fest des Tannenbaumes, sondern des Christkindes: Christus ist als Kind geboren. Dieses Christ-Kind gibt es wirklich! Darum empfehle ich, beim Weihnachtsbaum eine Krippe aufzustellen, am besten mit einem wirklich schönen Jesuskind!

Die Feier des Heiligen Abends im Kreis der Familie soll unbedingt zwei Elemente beinhalten: Das Singen von Weihnachtsliedern, egal wie gut man singen kann. Singen ist immer schön! Bei der Feier soll zweitens die Verkündigung des Weihnachtsevangeliums nicht fehlen. Es soll von jemandem vorgelesen werden, der gut lesen kann. Vergiss nicht, nach der Feier in der Familie in die Christmette zu gehen. Du gehst nicht hin, weil es so romantisch ist oder weil es einfach dazu gehört. Sondern Du gehst hin, weil Du jemandem alles Gute wünschen möchtest: dem neugeborenen Sohn Gottes: „Happy birthday, lieber Jesus!"

Gesegnete Weihnachten!
Pater Karl Wallner

DAS
WEIHNACHTSEVANGELIUM
NACH LUKAS 2,1–20

Das heilige Evangelium nach Lukas berichtet die Geburt Christi:

[1] Es begab sich aber zu jener Zeit, da erließ Kaiser Augustus den Befehl, alle Bewohner des Reiches in Steuerlisten einzutragen. [2] Dies geschah zum ersten Mal; damals war Quirinius Statthalter von Syrien. [3] Da ging jeder in seine Stadt, um sich eintragen zu lassen.

[4] So zog auch Josef von der Stadt Nazareth in Galiläa hinauf nach Judäa in die Stadt Davids, die Bethlehem heißt; denn er war aus dem Haus und Geschlecht Davids. [5] Er wollte sich eintragen lassen mit Maria, seiner Verlobten, die ein Kind erwartete.

⁶ Als sie dort waren, kam für Maria die Zeit
ihrer Niederkunft, ⁷ und sie gebar ihren
Sohn, den Erstgeborenen. Sie wickelte ihn
in Windeln und legte ihn in eine Krippe,
weil in der Herberge kein Platz für sie war.

⁸ In jener Gegend lagerten Hirten auf frei-
em Feld und hielten Nachtwache bei ihrer
Herde. ⁹ Da trat der Engel des Herrn zu
ihnen und der Glanz des Herrn umstrahlte
sie. Sie fürchteten sich sehr, ¹⁰ der Engel
aber sagte zu ihnen: Fürchtet euch nicht,
denn ich verkünde euch eine große Freude,
die dem ganzen Volk zuteilwerden soll:

¹¹ „Heute ist euch in der Stadt Davids der
Retter geboren; er ist der Messias, der
Herr. ¹² Und das soll euch als Zeichen
dienen: Ihr werdet ein Kind finden, das,
in Windeln gewickelt, in einer Krippe
liegt." ¹³ Und plötzlich war bei dem Engel
ein großes himmlisches Heer, das Gott
lobte und sprach: ¹⁴ „Verherrlicht ist Gott
in der Höhe / und auf Erden ist Friede / bei den Menschen seiner Gnade."

¹⁵ Als die Engel sie verlassen hatten und in den Himmel zurückgekehrt waren, sagten die Hirten zueinander: Kommt, wir gehen nach Bethlehem, um das Ereignis zu sehen, das uns der Herr verkünden ließ. ¹⁶ So eilten sie hin und fanden Maria und Josef und das Kind, das in der Krippe lag. ¹⁷ Als sie es sahen, erzählten sie, was ihnen über dieses Kind gesagt worden war. ¹⁸ Und alle, die es hörten, staunten über die Worte der Hirten.

¹⁹ Maria aber bewahrte alles, was geschehen war, in ihrem Herzen und dachte darüber nach. ²⁰ Die Hirten kehrten zurück, rühmten Gott und priesen ihn für das, was sie gehört und gesehen hatten; denn alles war so gewesen, wie es ihnen gesagt worden war.

LIEDER ZUR AUSWAHL

Alle Jahre wieder

1. Alle Jahre wieder /
kommt das Christuskind /
auf die Erde nieder, /
wo wir Menschen sind.

2. Kehrt mit seinem Segen /
ein in jedes Haus; /
geht auf allen Wegen /
mit uns ein und aus.

3. Steht auch mir zur Seite /
still und unerkannt, /
dass es treu mich leite /
an der lieben Hand!

O du fröhliche

1. O du fröhliche, o du selige,
gnadenbringende Weihnachtszeit.
/: Welt ging verloren, Christ ist geboren.
Freue, freue dich, o Christenheit! :/

2. O du fröhliche, o du selige,
gnadenbringende Weihnachtszeit.
/: Christ ist erschienen, für uns zu sühnen:
Freue, freue dich, o Christenheit! :/

3. O du fröhliche, o du selige,
gnadenbringende Weihnachtszeit!
/: Himmlische Heere jauchzen Gott Ehre:
Freue, freue dich, o Christenheit! :/

Stille Nacht

1. Stille Nacht, heilige Nacht! /
Alles schläft, einsam wacht /
nur das traute, heilige Paar. /
Holder Knab im lockigen Haar: /
Schlafe in himmlischer Ruh! /
Schlafe ich himmlischer Ruh!

2. Stille Nacht, heilige Nacht! /
Gottes Sohn, o wie lacht /
Lieb aus seinem göttlichen Mund, /
du uns schlägt die rettende Stund': /
Jesus, in deiner Geburt! /
Jesus, in deiner Geburt!

3. Stille Nacht, heilige Nacht! /
Hirten erst kundgemacht; /
durch der Engel Halleluja /
tönt es laut bei ferne und nah: /
Jesus der Retter ist da! /
Jesus der Retter ist da!

Zu Bethlehem geboren

1. Zu Bethlehem geboren /
ist uns ein Kindelein. /
Das hab ich auserkoren, /
sein eigen will ich sein. /
Eja, eja, sein eigen will ich sein.

2. In seine Lieb versenken /
will ich mich ganz hinab; /
mein Herz will ich ihm schenken /
und alles, was ich hab. /
Eja, eja, und alles, was ich hab.

3. O Kindelein, von Herzen /
dich will ich lieben sehr /
in Freuden und in Schmerzen, /
je länger mehr und mehr. /
Eja, eja, je länger mehr und mehr.

4. Dich wahren Gott ich finde /
in meinem Fleisch und Blut; /
darum ich fest mich binde /
an dich, mein höchstes Gut. /
Eja, eja, an dich, mein höchstes Gut.

5. Dazu dein Gnad mir gebe, /
bitt ich aus Herzensgrund, /
dass dir allein ich lebe /
jetzt und zu aller Stund'. /
Eja, eja, jetzt und zu aller Stund'.

Still, still, still

1. Still, still, still,
weil's Kindlein schlafen will. /
Maria tut es niedersingen,
ihre große Lieb darbringen. /
Still, still, still, weil's Kindlein schlafen will.

2. Schlaf, schlaf, schlaf,
mein liebes Kindlein, schlaf! /
Die Engel tun schön musizieren,
bei dem Kindlein jubilieren. /
Schlaf, schlaf, schlaf, mein liebes Kindlein, schlaf.

3. Groß, groß, groß, die Lieb ist übergroß! /
Gott hat den Himmelsthron verlassen
und muß reisen auf der Straßen. /
Groß, groß, groß, die Lieb ist übergroß!

Es ist ein Ros entsprungen

1. Es ist ein Ros entsprungen /
aus einer Wurzel zart, /
wie uns die Alten sungen /
von Jesse kam die Art. /
Und hat ein Blümlein bracht /
mitten im kalten Winter /
wohl zu der halben Nacht.

2. Das Röslein, das ich meine, /
davon Jesaja sagt, /
ist Maria, die Reine, /
die uns das Blümlein bracht. /
Aus Gottes ewgem Rat /
hat sie ein Kind geboren /
und blieb doch reine Magd.

3. Das Blümelein so kleine, /
das duftet uns so süß /
mit seinem hellen Scheine /
vertreibt's die Finsternis, /
wahr' Mensch und wahrer Gott, /
hilft uns aus allem Leide, /
rettet von Sünd' und Tod.

Jauchzet, ihr Himmel
(Melodie: Lobet den Herren)

1. Jauchzet, ihr Himmel,
frohlocket, ihr Engel in Chören; /
singet dem Herren,
dem Heiland der Menschen, zu Ehren. /
Sehet doch da:
Gott will so freundlich und nah /
zu den Verlor'nen sich kehren.

2. Jauchzet, ihr Himmel,
frohlocket, ihr Enden der Erden. /
Gott und der Sünder,
die sollen zu Freunden nun werden. /
Friede und Freud /
wird euch verkündiget heut. /
Freuet euch, Hirten und Herden.

3. Sehet dies Wunder,
wie tief sich der Höchste hier beuget. /
Sehet die Liebe,
die endlich als Liebe sich zeigt. /
Gott wird ein Kind, /
träget und hebet die Sünd'. /
Alles anbetet und schweiget.

4. Gott ist im Fleische.
Wer kann dies Geheimnis verstehen? /
Hier ist die Pforte des Lebens nun offen zu sehen. /
Gehet hinein, /
eins mit dem Kinde zu sein, /
die ihr zum Vater wollt gehen.

5. Treuer Immanuel,
wird auch in mir nun geboren. /
Komm doch, mein Heiland,
denn ohne dich bin ich verloren. /
Wohne in mir, /
mache mich eins nun mit dir, /
der mich zum Leben erkoren.

Maria durch ein Dornwald ging

1. Maria durch ein Dornwald ging. Kyrie eleis. /
Maria durch ein Dornwald ging,
der hat sieben Jahr kein Laub getragen.
Kyrie eleis.

2. Was trug Maria unter ihrem Herzen? Kyrie eleis. /
Ein kleines Kindlein ohne Schmerzen,
das trug Maria unter ihrem Herzen.
Jesus und Maria.

3. Da hab'n die Dornen Rosen getragen. Kyrie eleis. /
Als das Kindlein durch den Wald getragn,
da habn die Dornen Rosen getragen.
Jesus und Maria.

Nun freut euch, ihr Christen (Adeste fideles)

1. Nun freut euch, ihr Christen, /
singet Jubellieder /
und kommet, o kommet nach Betlehem. /
Christus der Heiland stieg zu uns hernieder.
Refrain: Kommt, lasset uns anbeten, /
kommt lasset uns anbeten, /
kommt lasset uns anbeten den König,
den Herrn.

2. O sehet, die Hirten /
eilen von den Herden /
und suchen das Kind nach des Engels Wort; /
gehen wir mit ihnen, Friede soll uns werden:

3. Der Abglanz des Vaters, /
Herr der Herren alle, /
ist heute erschienen in unserm Fleisch: /
Gott ist geboren als ein Kind im Stalle:

4. Kommt, singet dem Herren, /
singt ihr Engelchöre. /
Frohlocket, frohlocket, ihr Seligen. /
Himmel und Erde bringen Gott die Ehre:

Es wird schon glei dumpa

1. Es wird scho glei dumpa,
es wird scho glei Nacht, /
drumm kumm i zu Dir her,
mein Heiland, auf d'Wacht. /
Will singen a Liadl dem Liebling, dem kloan, /
Du magst jo net schlafn, i hear di nur woan. /
Hei, hei, hei, hei! Schlaf süaß,
herzliabs Kind!

2. Vergiß jetzt, o Kinderl,
Dein Kummer, Dei Load, /
daß Du da muaßt leidn
im Stall auf der Hoad. /
Es ziern ja die Engerl dei Liegerstatt aus, /
mecht schener nit sein drin
in an König sein Haus. /
Hei hei ...

3. Ja, Kinder, Du bist halt
im Kripperl so schen, /
mi ziemt, i kann nimmer aweg
von Dir gehn; /
i wünsch Dir von Herzen die süßeste Ruh, /
die Engerl vom Himmel, sie decken Di zu.

Ihr Kinderlein kommet

1. Ihr Kinderlein kommet, o kommet doch all. /
Zur Krippe her kommet, in Betlehems Stall. /
Und seht, was in dieser hochheiligen Nacht /
der Vater im Himmel für Freude uns macht.

2. Da liegt es das Kindlein auf Heu und auf Stroh. /
Maria und Josef betrachten es froh. /
Die redlichen Hirten knien betend davor /
hoch droben schwebt jubelnd
der Engelein Chor.